BRASIL

12

Angela-Lago
Lalau
Heloisa Prieto
Leo Cunha
Márcio Vassallo
Júlio Emílio Braz
Marco Haurélio
Daniel Munduruku
José Santos
Selma Maria
Mary França
Ricardo Azevedo

ORGANIZAÇÃO:
Hedi Gnädinger

ALEMANHA

12

Stefanie Harjes
Lilli L'Arronge
Helme Heine
Manuela Olten
Moni Port
Matze Doebele
Atak
Anke Kuhl
Ole Könnecke
Joëlle Tourlonias
Wolf Erlbruch
Philip Waechter

PARTIDA EQUILIBRADA 7

ANGELA-LAGO + STEFANIE HARJES 9

LALAU + LILLI L'ARRONGE 13

HELOISA PRIETO + HELME HEINE 17

LEO CUNHA + MANUELA OLTEN 21

MÁRCIO VASSALLO + MONI PORT 25

JÚLIO EMÍLIO BRAZ + MATZE DOEBELE 29

MARCO HAURÉLIO + ATAK 33

DANIEL MUNDURUKU + ANKE KUHL 37

JOSÉ SANTOS + OLE KÖNNECKE 41

SELMA MARIA + JOËLLE TOURLONIAS 45

MARY FRANÇA + WOLF ERLBRUCH 49

RICARDO AZEVEDO + PHILIP WAECHTER 53

AS 12 DUPLAS CAMPEÃS 57

PARTIDA EQUILIBRADA HEDI GNÄDINGER

Em maio de 2013, os escritores José Santos e Selma Maria me propuseram participar de um projeto no qual Brasil e Alemanha se encontrariam num livro. O meu papel seria o de selecionar ilustradores alemães renomados e convidá-los a fazerem ilustrações que tivessem o futebol como tema.

Este livro é a realização do projeto. Aqui, o Brasil, "país do futebol", encontra a Alemanha, que não deixa de ter esse mesmo atributo – afinal, juntas, as duas nações ganharam nove mundiais. Trata-se de um encontro entre autores brasileiros e ilustradores alemães, numa partida perfeitamente equilibrada, onde todos mostram que são craques.

Primeiro vieram as ilustrações – doze importantes artistas alemães fizeram "verdadeiros gols de placa". Em seguida, doze escritores brasileiros bastante conhecidos foram "convocados" a conceber pequenas histórias inspiradas nessas ilustrações – vieram autênticos "gols de letra". A ideia é original, pois invertemos o processo: na criação de um livro, normalmente é o texto que vem primeiro.

Em *Brasil 12 × 12 Alemanha*, o futebol aparece em diferentes situações, de maneiras bastante inusitadas. É um livro capaz de agradar às crianças e aos adultos apaixonados por esse esporte. Não é comum um torcedor adulto reagir como criança ao ver seu time vencer? E crianças e adolescentes também não mostram reações maduras diante da derrota de seus times?

Pessoalmente, considero minha participação neste projeto um privilégio. Tanto pelo contato agradável com essa turma de autores e ilustradores, como pela possibilidade de me aproximar ainda mais do mundo literário infantil. Lembrei-me da infância dos meus filhos, para quem eu lia livros em português e em alemão, já fazendo traduções em pensamento.

A partida jogada aqui por esses times campeões termina empatada. Mas com um grande vencedor: o leitor.

HEDI GNÄDINGER nasceu em 1960, em São Paulo. Estudou Ciências Biológicas na Universidade de São Paulo e trabalhou como jornalista de ciências. Atualmente, é agente literária e tradutora de alemão.

ANGELA-
-LAGO

+

STEFANIE
HARJES

GOL

VOLTEI DO DENTISTA A PÉ, E AO ATRAVESSAR O VIADUTO SANTA TEREZA, um garoto me entregou um desses recados em papel amarelo, "Trago seu amor de volta em quarenta e oito horas". Olhei o endereço, era ali mesmo, uma quadra abaixo. A sala ficava sobre um botequim infestado de mosquito. Subi o lance de escada e bati. Dona Esmeralda veio ela mesma atender a porta, com turbante e uma roupa florida, misto de filha de santo e cigana. Disse cinquenta reais e me estendeu a mão. Depois que lhe paguei, abriu um sorriso banguela e me mostrou a cadeira. Búzios ou tarô? Por favor, búzios. Vejo que seu namorado preferiu uma moça mais velha, ela disse na primeira jogada. Posso fazer o serviço por duzentos reais. Não precisa, respondi. Quero saber é de um goleiro doce, que mais parece um passarinho, eu disse. As conchas caíram mais uma vez, com um bocejo. E uma moça clara, de cabelos castanhos? Agora era eu, atônita. Ela adivinhava mesmo. Perigo, ela pigarreou. Arregalei os olhos. Jogou outra vez: o goleiro está em uma gaiola. Mesmo que haja toda uma porta aberta, é uma gaiola. A mulher o tem sobre seu domínio, pode manejar as pernas dele. Seu goleiro é um passarinho sem asas. O time dela vai fazer gol. Estou vendo um cão no meio do gramado. Parece um cão inocente, um desses recortes para colar em caderno de criança. Mas é Exu, o Cão, o que abre caminhos. E ele foi comprado. A bola deve rolar sem impedimentos. É gol, gol na certa. Um serviço para impedir iria custar quatrocentos reais ou por aí. Querendo, eu faço. Não, não precisa, respondi pasma. E corri para anotar tudo aqui. Tem umas coisas que não entendi.

LALAU

+

LILLI L'ARRONGE

COMO SERÁ

– BOA NOITE, FILHO.

– Boa noite, mãe.

Boa noite? Como ter uma boa noite, sabendo que amanhã será o grande dia? A final do campeonato, o jogo da minha vida!

Se meu time ganhar, vai ser a glória. Vou levantar a taça, dar entrevista, tirar fotos, dançar, gritar, pular! Acho que vai ser uma alegria igual à de um astronauta quando descobre um planeta novo. Mas, se meu time perder, nem quero imaginar. Vou enfiar a cabeça no gramado, como um avestruz desconsolado.

E se eu marcar um gol contra de canela? E se o técnico não me escalar? E se o juiz me expulsar? E se a torcida me vaiar? E se eu marcar um golaço de bicicleta, o gol da vitória aos quarenta e quatro minutos do segundo tempo?

Preciso me acalmar. Mas, como? Já sei: vou contar carneirinhos.

Um carneirinho... dois carneirinhos... três carneirinhos... vinte e dois carneirinhos em campo, vai começar a partida!

Ah, não! Preciso me concentrar, pensar em outra coisa. Uma historinha, isso mesmo, um conto de fadas. Era uma vez uma princesa que encontrou na floresta a casa dos sete anões: um goleiro, dois zagueiros, dois laterais... De novo, não!

Respire fundo. Relaxe. Procure uma posição melhor na cama, no meio de campo ou mais no ataque. Ajeite o travesseiro na marca do pênalti e chute firme, a meia altura. Ai, ai, o que eu faço, meu Deus?

Talvez, se descalçar as chuteiras, tirar o uniforme e colocar o pijama, eu consiga dormir.

Pronto. Boa noite. Boa noite?

HELOISA PRIETO

+

HELME HEINE

O TIME MAIS MALUCO DO MUNDO

BRASIL. 20 DE JUNHO DE 1970. PARANÁ. FIM DO SEgundo tempo. O time de nossa escola rural empatado com o da escola da cidade.

– Vocês são uns loucos e vão perder de lavada!

Ouvi a frase do pior lugar do mundo: o gol. Éramos loucos porque o time tinha meninos e meninas. Loucos porque alguns só falavam alemão, outros, português. Nosso time era formado por filhos de agrônomos, ambientalistas alemães recém-chegados e nós, crianças paranaenses que frequentavam a mesma escola rural. O idioma comum surgia do companheirismo da bola, do prazer de ser criança. Heidi se aproximou de mim. O rosto suado, sorridente.

– Beckenbauer!

Ela gritou. Eu entendi. O capitão alemão jogara vinte e cinco minutos com o ombro deslocado na Copa do México. Eu perdera dois gols. Meu ombro estava machucado. Compreendi a mensagem: força!

– Pelé! – gritei de volta.

Heidi deu um salto feliz. Ela também compreendeu meu conselho: astúcia! Aos quinze minutos finais do segundo tempo, o terceiro gol do time adversário. A torcida inimiga festejava com piadas.

– Esquisitos! Não sabem, não sabem, vão ter que aprender, orelha de burro, cabeça de ET!

Senti revolta. Nosso time era genial. Suspirei. O cansaço me matava. Foi por isso que custei a entender a razão da gritaria.

Gol!!!

Juninho era o mais veloz garoto de nosso time. Ele driblou a defesa e, quando viu que seria atacado, fez um passe para Heidi. Ela recebeu a bola e a chutou sem medo.

Gol!!!

Juninho e Heidi no chão, atropelados pelo goleiro adversário. Doido. Despeitado. Cartão vermelho. Falta!!!

Na hora da cobrança, Juninho e Heidi posicionados. Eu conhecia a pontaria de Heidi. Sorri. Mas ela se afastou. Fez sinal para Juninho. O garoto correu para a bola.

Gol!!! Viva nós! Viva tudo! Viva o time mais maluco do mundo!

LEO
CUNHA

+

MANUELA
OLTEN

TUDO OU NADA

MAX ESPEROU MUITO POR AQUELE DIA. SONHOU COM AQUELE DIA. E como se preparou! Na manhã de cada jogo, pedia para a mãe passar seu uniforme com todo capricho, tomava um café bem reforçado e até decorava o nome dos jogadores do time adversário.

Ao sair de casa, repetiu para a irmã a mesma frase que dizia nos dias de jogo:

– Torça por mim. Acho que hoje, finalmente, o treinador me põe pra jogar.

Chegou cedo ao campinho, fez o aquecimento ao lado dos colegas de time e deu um abraço em cada um dos titulares:

– Boa sorte, amigos! Vamos vencer!

Depois, como sempre fazia, caminhou em direção ao banco, onde se instalou ao lado dos outros reservas.

O jogo estava difícil, dois a um para o outro time, faltavam só dez minutos para o apito final. Foi quando o treinador se aproximou do banco de reservas e disse numa voz irritada:

– É hora de mudar esse time. Vamos para o tudo ou nada!

Os garotos se entreolharam, ansiosos, e o treinador continuou:

– Ei, você, o segundo do banco. Prepare-se para entrar!

Max sentiu um arrepio percorrer suas costas, rodear o pescoço e subir pelo cabelo. Será que tinha escutado direito? O treinador tinha falado "o segundo do banco"? Tinha sim! Tinha sim! Era chegado o grande dia!

Se tivesse um telefone, Max ligaria na mesma hora para a mãe e a irmã, para contar a novidade e espalhar a alegria.

Mas de repente pensou: "O treinador disse o segundo do banco". Podia ser tanto o segundo da direita para a esquerda, como o segundo da esquerda para a direita...

Agora, leitor, me diga: quem é o Max nessa imagem?

MÁRCIO VASSALLO

+

MONI PORT

ATÉ O PRÓXIMO JOGO

Para Simone, com quem eu ganho em tudo

EU TINHA VONTADE DE SER SUPER-HERÓI E SALVAR O MUNDO SEMPRE que o mundo precisasse de mim.

Mas o que eu queria mesmo era ser o herói de um jogo de futebol.

Eu ficava invisível para tirar a bola de quem tentasse entrar na minha área e voava para salvar o meu time dos atacantes mais monstruosos do planeta, sempre que o meu time precisava de mim. Sonhava que um dia faria um gol no último minuto de uma decisão.

Era nisso que pensava, no dia em que entrei em campo para jogar a final do campeonato mundial da vila onde eu morava.

Naquele campo, onde também entravam porcos, cachorros e coelhos, um empate daria o título ao outro time.

E o jogo foi mais difícil do que imaginávamos. Ficou zero a zero até os quarenta e quatro minutos do segundo tempo. O juiz já olhava o relógio, e ninguém mais olhava o juiz.

Num ataque nosso, ganhamos um escanteio. Corri para cabecear, subi mais alto do que todo mundo e cabeceei com força, para a bola quicar no gramado e enganar o goleiro. E a bola quicou no gramado, enganou o goleiro, bateu no travessão e saiu pela linha de fundo.

Ainda tínhamos mais um minuto, mas nunca na vida um minuto passou tão rápido.

Quando o juiz apitou o fim da partida, vi os jogadores adversários pularem uns por cima dos outros, gritando sem parar. No meio daquele barulho, misturado com o nosso silêncio, eu tapava o rosto com as mãos para não ver mais nada. Mas ainda via aquela minha cabeçada, com a bola saindo para sempre pela linha de fundo. E eu jurava que nunca mais ia querer ser herói de nada. Pelo menos até o próximo jogo.

JÚLIO EMÍLIO BRAZ

+

MATZE DOEBELE

INCOMPREENSÃO

SÓ DE PENSAR, DOÍA. TRISTE DIA. QUANTA INCOMPREENSÃO. MEU SONHO dourado, de um momento para o outro, transformado num grande pesadelo. Pior do que a dor, apenas a vergonha de vislumbrar o rosto conhecido de minha mãe no meio de gente estranha.

Ela disse que não iria. Mentiu, estava lá, toda orgulhosa e faceira, feliz de me ver naquela confusão, o centro das atenções, o mundo inteiro aos meus pés. Não que gostasse desse ofício, ou mesmo o entendesse. "Tanta coisa pra ser e você foi logo escolher juiz de futebol?", repetia sempre.

Mas eu era o seu filho único, naturalmente querido, mimado até em meus mais tolos caprichos.

Ela foi, viu, sofreu, sentiu. Pois mãe de juiz de futebol é parceira no sucesso, e ainda mais na incompreensão. Bastou um pênalti marcado, e terrivelmente mal batido, contra o time da cidade. Todos me xingaram. E também a xingaram, sem mesmo saberem que ela estava ali.

Até hoje não sei por que mandei repetir a cobrança. Deu no que deu. Mais xingamentos. Tapas e empurrões. Bem pior, no entanto, foi a perseguição. Homem, mulher, velho, criança, todos correndo atrás de mim. Mais confusão. Não fosse a generosidade do padre da cidade e sua pronta intervenção, não sei, não.

Mas pensa que ela ficou chateada? Que nada!

Disse que irá ao próximo jogo. Quanto à falta de educação e aos palavrões: "Nem ouvi!".

Bom, é o que dizem, mãe de juiz tem dois corações.

MARÇO HAURÉLIO

+

ATAK

FUTEBOL NA SELVA

EU TINHA SAÍDO DE CASA CEDO PARA COMPRAR ALGUNS SUPRIMENTOS na vila de Taquari, a pedido de minha mãe, que recomendara: "Não se descuide, Chiquinho!".

Ia aproveitar para participar de um jogo de futebol de meu time, o Colorado – maldosamente apelidado de "os selvagens" pelos adversários, porque os atletas eram quase todos descendentes de índios da região onde morávamos, entre a Amazônia e o cerrado brasileiro.

No caminho, resolvi dar um mergulho no riacho e, ao sair da água, passei a mão no bolso. Decepção: perdera o dinheiro. Se voltasse para casa, tomaria a maior bronca. Seguir em frente era tolice. Resolvi, então, bancar o "tolo".

Meia hora depois, topei com o campinho de futebol. O técnico me deixou na reserva, como castigo pelo atraso. Só quando nosso time perdia de um a zero, e dois dos nossos atletas tinham sido expulsos injustamente, que entrei em campo.

Na primeira bola que recebi, parti para cima do zagueiro do time Celeste, dei-lhe um drible desconcertante e bati com categoria. Um a um. Na segunda tentativa, recebi um chute na canela que me fez ver estrelas. Mesmo contundido, ao receber um lançamento, fui mais veloz que os rivais e fulminei o goleiro: dois a um, placar final.

Depois de ser abraçado por todo o time, expliquei a minha situação. Alguém sugeriu uma "vaquinha" e, num instante, eu tinha a quantia de que precisava.

E o resto da história? Bem, por muito tempo fui titular do time, que, por ser temido pelos adversários, foi rebatizado como Jurupari Esporte Clube, em homenagem ao ser sobrenatural do folclore amazônico.

DANIEL
MUNDURUKU

+

ANKE
KUHL

GATOS-DO-MATO F.C.

TODO DIA, AO CAIR DA TARDE, O PEQUENO DAREBU se posicionava no pátio de sua aldeia e ali imaginava estar num estádio de futebol. Colocava duas varetas em cada extremidade do campo para formar as traves do gol. Contava dez passos entre uma e outra vareta. No chão riscava os limites da área do goleiro, depois fazia o mesmo com a linha que dividia o campo em dois, para que cada time tivesse seu lado. Do centro do campo conferia tudo e sob seu pé direito mantinha a bola do jogo.

Em seguida, tirava de sua bolsa de palha um estojo onde guardava o urucum e com ele pintava o rosto da cor vermelha do sol. Sem nenhuma cerimônia, e não se importando se alguém o estava vigiando, começava um ritual batendo os pés com força no chão. Entre uma batida e outra, soltava gritos como se estivesse invocando entidades invisíveis para jogar bola. Eram apenas poucos minutos para então sair correndo, como se driblasse o vento. Fazia isso com tanta destreza que parecia verdade. Quando o gol acontecia, o pequeno gritava como se fora fim de campeonato.

Um dia seu pai quis saber por que ele fazia aquilo e quem ele convocava para brincar de futebol. O menino ouviu a pergunta com algum estranhamento, pois achava que ele já sabia de tudo.

– Eu chamo os gatos-do-mato para brincar comigo, papai. Você não os está vendo?

Diante da negativa do pai, Darebu pediu para que ele fosse buscar a câmera fotográfica. O homem foi num pé e voltou noutro. Perguntou o que deveria fazer agora, e o menino respondeu que iria organizar os amigos para uma foto. Fez isso com muita rapidez e depois pediu que clicasse, enquanto ele corria para se unir ao grupo.

Grande foi o espanto do homem quando viu a foto no visor da máquina. O pequeno apenas sorriu e disse:

– São esses os meus amigos gatos-do-mato que vêm, todos os dias, brincar comigo.

O pai o pegou no colo, o abraçou e o mandou brincar com seus amigos.

JOSÉ SANTOS

+

OLE KÖNNECKE

JOGADA ENSAIADA

TÉCNICO: VAMOS LÁ, PESSOAL!

TODOS: Pessoal?

TÉCNICO: Desculpem, vamos lá bicharada, treinar de novo a nossa jogada ensaiada!

HIPOPÓTAMO: O que eu tenho mesmo que fazer?

TÉCNICO: É muito simples, o senhor esquecido só tem que tocar de calcanhar para a cegonha.

HIPOPÓTAMO: Mas será que eu tenho mesmo um calcanhar?

TÉCNICO: Fofo, não complica... Toca com a parte de trás da pata.

HIPOPÓTAMO: A pata? Ela não veio treinar hoje, está lá na lagoa com seus patinhos.

TÉCNICO: Vou fingir que não ouvi essa gracinha. Cegonha, você sabe o seu papel?

CEGONHA: Na verdade, o guloso do meu marido bicou o papelzinho. Mas sei que quando a bola vier, toco de banda para o elefante, que passa adiante, de bicicleta.

CACHORRO: Não sei não, acho que a bicicleta não vai aguentar o peso dele.

ELEFANTE: Mais uma piadinha dessa e leva uma trombada, combinado?

GIRAFA: Sei que o cachorro passa para o urso, que cruza para o meu cabeceio. Mas sou muito alta, sempre erro o gol.

URSO: Por que a gente não inverte? A girafa cruza a meia altura e eu, mesmo sendo mamífero, salto de peixinho para cabecear.

TÉCNICO: Urso, até que você não é burro, não! Gostei. Vamos embora ensaiar, pessoal.

TODOS: Pessoal?

SELMA MARIA

+

JOËLLE TOURLONIAS

A ESTRELA DO MEU TIME

O QUE EU MAIS GOSTO DE FAZER? FALAR. GOSTO muito de falar, e quem é assim gosta também de muitas orelhas para ouvirem todas as palavras que saem da sua boca. Quando meu avô fica cansado de ouvir minhas histórias, dou de presente a ele uma jogada infalível. Digo: "Vovô, eu te amo". Aí ganho dele uma goleada de beijinhos. Eu gosto de ganhar esse presente, e meu avô gosta de receber esse carinho.

Mas um dia ele recebeu cartão vermelho. Penduraram sua chuteira. Para ele, foi uma derrota e tanto, mas, para compensar, vovô ganhou cadeira cativa no meu quarto. Construí um campinho de futebol com o nome dele e inventei um campeonato. Foi assim que começou minha carreira de narrador. Com o vovô e toda a bicharada me ouvindo. E, aqui, no meu quarto, posso falar à vontade. Aqui, meu coração pula quieto e feliz.

O estádio está lotado. É final, e todos os mascotes lotam a arquibancada com suas duas orelhas só para me ouvir! Orelhas e antenas ansiosas ligadas neste grande jogo. Vovô está orgulhoso em ver os mascotes, que ele me deu de presente, virarem craques da bola, na minha TV e ao vivo também!

Van Gogh, o coelho que teve uma das orelhas arrancada pelo meu irmão, faz uma falta graaaave na área e é expulso do jogo. Mario irá bater o pênalti.

Vai Mario, o placar está animal! Ascende a sua estrela e faz brilhar a torcida!

Mario ajeita com carinho a bola. O placar mostra um a zero. Corre, chuta logo a bola, o meu avô sempre dorme tão depressa...

Na verdade, faz dois anos que o meu avô dorme numa nuvem branquinha. Não gostei que o vovô foi expulso de campo. Ele não merecia esse cartão vermelho...

E, hoje, a bicharada unida, grita o nome do seu time. No dia do seu aniversário, o meu presente é narrar um gooool bem alto, na altura das estrelas. Vovôôô!

TELEVISION

MARY FRANÇA

+

WOLF ERLBRUCH

PÊNALTI

QUANDO PEDRO CACHORRO SAIU PARA JOGAR NAquele dia, não imaginava o que estava por acontecer. Sempre sonhou em ser um grande jogador de futebol. Cresceu ouvindo o pai contar histórias dos grandes craques das Copas do Mundo. Sem falar que não perdiam um só jogo do time preferido. E Pedro arrebentava de alegria quando eram campeões.

Ele cresceu jogando bola; primeiro no quintal, depois na quadra da escola, no time do bairro... Um dia foi convidado para jogar no clube. Diziam que ele tinha talento.

De fato, sua carreira ia de vento em popa. Jogava num time importante, dava entrevistas, via sua foto nos jornais.

Aquele jogo era a decisão do campeonato. O estádio estava cheio. Os espectadores se agitavam de tal maneira que até parecia que toda torcida do clube estava presente.

A partida seguia equilibrada, o placar continuava zero a zero.

Pedro Cachorro sentia o peso da responsabilidade de ser um excelente jogador, e sabia que havia um olheiro atento ao seu desempenho.

O time adversário então cometeu uma falta dentro da grande área, e o juiz apitou o pênalti. Era ele quem devia fazer o gol. Certamente, o gol da vitória, pois o jogo estava no final.

Ele colocou a bola no centro da meia-lua, em frente à baliza, e se preparou.

Grande expectativa. Aguardavam pela sua cavadinha, a cavadinha não é tão simples, tem manhas e táticas para executá-la, mas ele era craque. Por um segundo, pensou: "Se eu errar, perdemos o campeonato, e arrisco a minha carreira. Nada de cavadinha".

Ele olhou para o goleiro João Pato, que era danado de bom, mas não resistiu, tocou a bola por baixo, como só ele sabia fazer e... gooool! Golaço!

E foi assim que Pedro Cachorro foi ser jogador num grande time do Rio de Janeiro.

RICARDO
AZEVEDO

+

PHILIP
WAECHTER

EU VIVIA TÃO FELIZ NESTE TERRENO...

EU VIVIA FELIZ NESTE TERRENO ABANDONADO. ISTO AQUI ANTIGAmente era uma beleza de lugar. Fiz minha casa debaixo de uma moita, numa caixa de papelão espaçosa e confortável. Todos os dias, bem cedinho, eu costumava ir até a cidade para arranjar comida e, quem sabe, uma namorada (só para mim) para trazer para cá e ter com ela uma ninhada de mil filhotes. Tudo ia bem até o triste dia em que uns meninos pularam o muro e ficaram correndo pelo terreno atrás de uma coisa redonda e dura. Cheguei a pensar que fossem loucos, e continuo pensando a mesma coisa. No começo eram só quatro, mas agora são muitos. Esse pessoal não é gente normal como eu e você. Imagine pessoas que não sabem o que querem, nem o que fazem, nem para onde vão, nem de onde vêm, que ficam correndo e berrando e caindo e levantando e tropeçando e atropelando e destruindo tudo em volta. É desolador. Parece uma espécie de guerra de verdade e, ao mesmo tempo, de mentira. Um dia, jogaram aquela coisa dura e redonda com tanta força que quase destruíram minha casa! Parti para cima deles latindo e tentei morder, mas eles atiraram a coisa em cima de mim e depois continuaram com aquela guerra de correria sem nexo, como se nada houvesse acontecido. Agora não sei o que vai ser de mim. Meu mundo caiu. Meus planos foram por água abaixo. E o pior: onde vou arranjar uma namorada (só para mim) que queira morar nesse lugar infernal, cheio de gente louca correndo atrás de um troço redondo, duro e inútil?

AS 12 DUPLAS CAMPEÃS

ANGELA + STEFANIE

ANGELA-LAGO vive em Belo Horizonte, onde nasceu em 1945. Faz mais de trinta anos que escreve, ilustra e faz animações para crianças.

> *Nunca assisti a um jogo inteiro de futebol, nunca fui a um campo. Mesmo assim acho bonito o balé dos jogadores quando passo na frente da TV ou de uma pelada na rua. E me diverte ouvir a vibração da cidade em dia de jogo importante.*

STEFANIE HARJES nasceu em 1967, em Bremen. Estudou ilustração e pintura em Hamburgo e Praga. Desde 1994 trabalha como ilustradora e criadora de livros em Hamburgo. Por suas obras já ganhou inúmeros prêmios, dentre os quais destacam-se: Prêmio Austríaco de Literatura Infantojuvenil, Fundação Buchkunst, bolsa de estudos Troisdorfer, Incentivo Steirischen de Ilustração e menção especial no Bologna Ragazzi Award.

> *Por natureza, não me interesso por futebol. Entretanto, treino com certa irregularidade, com meu sobrinho Moritz, nos pátios dos prédios de Hamburgo. Acho que em breve, pela nossa originalidade, acabaremos pelo menos no banco de reservas da seleção alemã.*

LALAU + LILLI

LALAU é paulistano, formado em Comunicação Social. Trabalhou como redator publicitário, escreveu contos e crônicas para jornais e revistas, foi roteirista de teatro amador, entre outras atividades sempre ligadas à palavra escrita. É poeta e, desde 1994, autor de literatura infantil, com mais de quarenta títulos publicados.

O futebol sempre esteve presente em minha vida. Joguei na várzea durante muitos anos, e até passei um bom tempo como juvenil de um grande clube brasileiro. Meu time do coração é o Sport Club Corinthians Paulista! Gosto de futebol, porque o futebol me mantém criança.

LILLI L'ARRONGE (Christine Goppel) nasceu em 1979 e estudou Comunicação Visual na Universidade Bauhaus, em Weimar. Depois de formada, mudou-se para Münster e tornou-se ilustradora. Desenha e escreve livros para as crianças e seus pais (que, afinal, também devem se divertir lendo para os filhos). Quando sobra tempo, Lilli cria filmes de animações. Ela vive com sua família em Münster.

Venho de uma família para a qual o futebol não representa nada. Mas quando comecei a namorar o Robert, a coisa mudou: quando o Borussia Dortmund perde, ele fica mal humorado o resto do dia. Por isso, torço muito, muito mesmo, pro Dortmund ganhar!

HELOISA + HELME

HELOISA PRIETO é intérprete, tradutora e professora de pré-escolares. Começou a escrever a pedido de seus pequenos alunos e nunca mais parou. Mestre em comunicações, doutora em teoria literária, tem 55 obras publicadas, grande parte adaptada para teatro, cinema e televisão. Sem se fixar em faixas etárias, gosta de criar histórias de aventura, suspense e ação nas quais a amizade é o valor universal.

Além de praticar natação, equitação e caminhar, fui goleira no time da escola quando adolescente. Da breve passagem por futebol restaram as lembranças que transcrevi nesta história.

HELME HEINE nasceu em Berlim. Estudou Administração e Belas Artes e viveu na África do Sul, onde trabalhou como diretor de teatro, cenógrafo e ator. Em 1977, retornou para a Alemanha e fez sua carreira de autor e ilustrador de livros infantis. Em 1990, voltou a viajar, e hoje vive na Nova Zelândia. Possui mais de quarenta livros traduzidos em diversas línguas e ganhadores de inúmeros prêmios.

Quando quero conhecer alguém na praia, na rua ou num parque, só preciso chutar uma bola para que logo apareça alguém que a chute de volta pra mim. Um esporte maravilhoso!

LEO + MANUELA

LEO CUNHA já publicou mais de cinquenta livros. Também traduziu e adaptou para o português cerca de trinta títulos, de vários países. Seus livros venceram os principais prêmios literários brasileiros, como João-de-Barro, Jabuti, FNLIJ, Nestlé e o Prêmo Literário da Biblioteca Nacional. É jornalista, professor universitário e Doutor em Artes/Cinema pela UFMG.

Sou apaixonado por futebol, desses que assistem na TV até jogos de times desconhecidos, da segunda divisão do campeonato australiano. Meu time do coração é o Cruzeiro, cujos jogos costumo assistir no estádio Mineirão, ao lado dos meus filhos, torcedores ainda mais apaixonados do que eu.

MANUELA OLTEN nasceu em 1970 e mora em Offenbach am Main. Estudou fotografia e ganhou uma bolsa de estudos da Academia de Oficina de Criação de Kassel. Em 2003, se formou como *designer*. Estudou ilustração com ênfase em livros infantis. Seu primeiro livro, *Meninos de verdade*, ganhou o prêmio Livros Infantojuvenis de Oldenburg, em 2004. Também ganhou a bolsa de estudos Troisdorfer. Já publicou mais de trinta livros.

O papel do futebol na minha vida não é significativo. Meu filho nunca quis jogar futebol, e eu também não. No entanto, gostamos de ver as Copas da Europa e do Mundo na televisão, e comemoramos cada gol que a Alemanha faz, com muita alegria.

MÁRCIO + MONI

MÁRCIO VASSALLO nasceu em 1967, no Rio de Janeiro, onde mora. Escritor e jornalista, é autor de nove livros de literatura infantil e dois jornalísticos. Seu livro *O menino da chuva no cabelo* foi incluído em The White Ravens, catálogo da Biblioteca Internacional da Infância e da Juventude de Munique. Desde sua estreia na literatura, há mais de quinze anos, Vassallo realiza palestras e oficinas de educação para o encantamento, formação de leitores e criação literária, em todas as regiões do Brasil.

Quando era garoto, eu gostava de jogar vários comprimidos efervescentes dentro de um copo d'água, para escutar aquele chiado. Mas, dentro do copo, o que eu escutava mesmo era o chiado da torcida gritando o meu nome no Maracanã lotado. Para mim, desde sempre, futebol não é um esporte, mas uma fantasia, um puxador de sonhos, um abridor de emoção que nos perturba, nos amansa, nos move, nos paralisa, nos aproxima das pessoas e nos torna mais humanos.

MONI PORT nasceu em 1968, à beira do rio Mosel. Quando se formou no colégio, fez um curso de livreira e depois estudou Comunicação e *Design* em Mainz. Trabalhou como criadora de capas de livros em

Frankfurt. Hoje faz *design* gráfico, ilustra e escreve livros no atelier comunitário LABOR, em Frankfurt.

As minhas primeiras palavras, segundo minha mãe (e para a alegria do meu pai) foram "Ube Sêle" (Uwe Seeler, jogador do Hamburg, nos anos 1970). Em vez de pregar pôsteres de cavalos na parede, como era o normal para uma adolescente da época, eu tinha um pôster de Sepp Maier ao lado da minha cama.

JÚLIO + MATZE

JÚLIO EMÍLIO BRAZ tornou-se escritor profissional escrevendo roteiros de histórias em quadrinhos para revistas de terror. Tem mais de 150 livros publicados em vários países e já recebeu diversos prêmios, nacionais e internacionais.

Futebol, na minha opinião, é como um microcosmo das relações humanas. Futebol não é um esporte, mas uma concepção de vida.

MATZE DOEBELE nasceu em 1975, ao sul da Floresta Negra, na Alemanha. Estudou ilustração em Hamburgo, na Academia de Artes e na Faculdade de Ciências Aplicadas. Seu livro *A sorte de Pipo* (Editora Peirópolis) ganhou o CJ Picture Book Award da Coreia do Sul, em 2009. Ele vive em Hamburgo com a família.

Jogo futebol, apaixonadamente, há mais de trinta anos. Porém, já fui capaz de fazer dois gols contra em apenas um jogo e de quebrar o tornozelo numa pelada de várzea, no Nordeste do Brasil.

MARCO + ATAK

MARCO HAURÉLIO nasceu em Riacho de Santana (BA) e atualmente reside em São Paulo. Poeta, editor e pesquisador do folclore brasileiro, é um dos grandes defensores da literatura de cordel, com várias obras editadas no gênero, dentre as quais *A lenda do saci-pererê* (Paulus), *Meus romances de cordel* (Global) e *Os 12 trabalhos de Hércules* (Cortez).

Meu primeiro contato com futebol foi na Copa de 1982, na Espanha, quando o Brasil foi representado por um time fabuloso, mas parou diante da mediana e aplicada Itália, de Paolo Rossi. Foi quando descobri que, no futebol e na vida, nem sempre os melhores triunfam.

ATAK (Georg Barber) nasceu em 1967, em Frankfurt. Estudou Comunicação Visual na Faculdade de Artes de Berlim, onde vive e trabalha como ilustrador, artista plástico e gráfico. Já fez exposições individuais em diversos países e criou histórias em quadrinhos e vinhetas para vários jornais e revistas. Desde 2008 leciona ilustração na Faculdade de Belas Artes Burg Giebichenstein, em Halle.

Quando eu era pequeno, queria ser um jogador de futebol bem-sucedido e famoso. Sonhava com uma carreira no Liverpool, mas acabei apenas no time da minha cidade natal como goleiro. A certa altura, comecei a me interessar cada vez mais por música, e o sonho de me tornar um roqueiro famoso me fez esquecer da carreira de jogador de futebol. Hoje, enquanto trabalho, assisto aos jogos da Liga dos Campeões e da Copa do Mundo. O movimento sobre a área verde, como num jogo de computador, me acalma tremendamente.

DANIEL + ANKE

DANIEL MUNDURUKU é graduado em Filosofia, doutor em Educação pela USP e pós-doutorando em Literatura na Universidade Federal de São Carlos. É autor de grande obra voltada para o público infantil e juvenil e para educadores. Seus livros receberam diversos prêmios no Brasil e no exterior. É Comendador da Ordem do Mérito Cultural da Presidência da República e membro fundador da Academia de Letras de Lorena (SP), cidade onde reside com esposa e três filhos.

Desde menino gostava de futebol. Jogava até mesmo sozinho, sonhando defender a seleção de meu país. Fui goleiro na seleção de minha escola, fui zagueiro quando jovem e, depois dos trinta, tornei-me um grande goleador... Minha frustração maior: jamais fiz um gol de cabeça. Eu queria ser o Pelé. Consegui apenas ser eu mesmo...

ANKE KUHL nasceu em 1970. Estudou desenho em Mainz e Offenbach, e, desde 1999, trabalha com outros artistas no Atelier Comunitário LABOR, em Frankfurt. Recebeu a importante bolsa de estudos Troisdorfer. Seu livro *É tudo família* (L&PM), ganhou o Prêmio Alemão de Literatura infantojuvenil em 2011. Ela mora com a família em Frankfurt.

Já tentei assistir futebol com amigos e fingi um grande entusiasmo em relação às jogadas mágicas do meu filho. A duras penas, acabei aceitando que o futebol não tem nada a ver comigo. Confesso me sentir muito solitária durante as Copas do Mundo.

JOSÉ + OLE

JOSÉ SANTOS começou a escrever seus primeiros poemas e a se interessar por literatura quando tinha por volta de quinze anos. Antes de se tornar escritor, foi balconista de livraria, assistente de produção, cinegrafista, documentarista, diretor de um museu virtual etc. Seu primeiro livro veio aos 45 anos e desde então não parou mais – são mais de quinze títulos.

Dizem que quem torce pra mais de um time, na verdade, não torce pra nenhum. Não é bem assim. Comecei torcendo pelo Flamengo, e como esse time ganhava tudo, só no final da adolescência fui também torcer por um time do meu estado, o Tupi, honroso campeão da quarta divisão, atualmente disputando a terceirona. Acompanho meus filhos no estádio, na torcida do São Paulo. Além disso, sempre vejo pela TV os jogos do Benfica (de Lisboa), do Hertha (de Berlim) e do Napoli (de Nápolis).

OLE KÖNNECKE nasceu em 1961, em Göttingen, e mora em Hamburgo. Pela sua obra, recebeu inúmeros prêmios, nacionais e internacionais, dentre os quais se destacam o Prêmio Alemão de Literatura Infantojuvenil e o Prêmio Holandês de Livros Ilustrados. Seu livro *Das große Buch der Bilder und Wörter* (*O grande livro dos desenhos e das palavras*) já foi traduzido em dezessete línguas.

A minha relação com o futebol poderia ser mais intensa. No entanto, eu ainda sou proprietário de um autógrafo do Uwe Seeler e li a biografia do Zlatan Ibrahimović na língua original. Por isso, acho que ainda há uma esperança.

SELMA + JOËLLE

SELMA MARIA começou o seu percurso como artista plástica, em 1986. Foi premiada no Salão de Arte Jovem de Santos, e percebeu que não queria só desenhar. Descobriu então que queria pesquisar a infância brasileira, e não parou mais de observar como a criança cria sua linguagem e se relaciona com o mundo. Organizou, entre outras coisas, a exposição, que acabou se tornando um livro, *Meninos quietos*, que reúne um pouco dos brincares que nascem da imaginação de quem vive na natureza.

> *"Abrem-se as cortinas e começa o espetáculo...". A voz dos narradores provocava em mim um voo capaz de passar através daqueles buraquinhos do rádio do meu pai e ir lá dentro dos estádios. Ouvir ripa na chulipa e pimba na gorduchinha às vezes era mais divertido que ouvir o gol do meu time. "Agueeeenta coração, torcida brasileira!".*

JOËLLE TOURLONIAS nasceu em 1985, em Hanau. Estudou Comunicação Visual, com ênfase em Ilustração e Pintura, na Universidade Bauhaus, em Weimer. Em 2009, começou sua carreira autônoma, desenhando e pintando. Atualmente vive em Düsseldorf.

> *Eu só fui uma única vez a um jogo de futebol, mas em compensação, era um jogo da Copa de 2006, em Colônia: França × Togo. E, apesar do Zidane não ter jogado (ele estava suspenso, deve ter ficado se mordendo de raiva no vestiário), foi uma experiência maravilhosa. Todos em azul, os torcedores cantando, o clima nervoso no ar, todos unidos – simplesmente indescritível!*

MARY + WOLF

MARY FRANÇA nasceu em Santos Dumont (MG) e hoje vive em Juiz de Fora (MG). Tem livros editados em várias línguas. Publicou, entre outros, o livro *Cacho de histórias* e as coleções "Pingos", "Rubi" e "Gato e Rato". Premiada no Brasil e no exterior, considera que o maior dos seus prêmios é a empatia e o carinho das crianças com os seus livros.

Não foi o entusiasmo de meu pai e meus tios que me fez gostar de futebol. Embora os dias de jogos virassem festa em minha casa. Foi o contentamento de meus filhos que me contagiou. Foi com eles que descobri a alegria de vencer e a tristeza da derrota.

WOLF ERLBRUCH nasceu em 1948, em Wuppertal. Estudou Desenho na Faculdade Folkwang, em Essen. Depois, trabalhou como ilustrador e diretor de arte em agências de publicidade. Em 1985, publicou seus primeiros livros infantis e, em 1990, abandonou a carreira publicitária. Deu aulas de ilustração na Faculdade de Düsseldorf, na Universidade de Wuppertal e na Folkwang Universität der Künste, em Essen.

Nunca me interessei por futebol. Aprendi com meu pai a praticar ciclismo e, até hoje, aprecio muito andar de bicicleta, o mais rápido que consigo.

RICARDO + PHILIP

RICARDO AZEVEDO é escritor e ilustrador desde 1980, com muitos livros publicados no Brasil e em diversos países, inclusive na Alemanha. É doutor em Letras pela Universidade de São Paulo e pesquisador na área de cultura popular. É autor de *Abençoado & danado do samba: um estudo sobre o discurso popular* (Edusp). Seu site: www.ricardoazevedo.com.br.

> *Gosto de futebol, torço pelo Santos e reconheço que ter mais de sessenta anos é quase um desastre, mas tem suas vantagens. Vi com meus próprios olhos, por várias vezes, o fabuloso Pelé ao vivo defendendo as cores do Santos. Foi um privilégio e uma sorte grande ver em campo esse grande mestre na arte de jogar futebol.*

PHILIP WAECHTER nasceu em 1968, em Frankfurt. Estudou comunicação e *design* em Mainz, com ênfase em ilustração. Publicou seu primeiro livro em 1995 e, desde então, trabalha para várias editoras. Mora em Frankfurt, onde trabalha como ilustrador autônomo. Em 1999 fundou, juntamente com outros artistas, o atelier comunitário LABOR.

> *O futebol tem adoçado a minha vida desde sempre. Jogando, torcendo no estádio ou apenas assistindo, relaxado, diante da TV com amigos. O futebol faz com que as pessoas conversem e briguem, em todas as línguas e em todos os países. Porém, o futebol já estragou alguns dos meus fins de semana. Um pênalti que não entrou, uma derrota desnecessária... parece tão pouco. Infelizmente, isso também faz parte da minha paixão pelo futebol.*

Apoio cultural

GOETHE INSTITUT

Presidente REINALDO DOMINGOS
Direção editorial SIMONE PAULINO
Coordenação editorial ADILSON MIGUEL
Projeto gráfico BLOCO GRÁFICO
Produção editorial RENATA DE SÁ
Revisão SADY FOLCH
Produção gráfica CHRISTINE BAPTISTA
Impressão INTERGRAF INDÚSTRIA GRÁFICA EIRELI

Dados Internacionais de Catalogação na Publicação (CIP)
(Câmara Brasileira do Livro, SP, Brasil)

Brasil 12 X 12 Alemanha / Organização Hedi Gnädinger –
São Paulo: Editora DSOP, 2014.

Vários autores.

ISBN 978-85-8276-098-7

1. Futebol – História 2. Futebol – Literatura infantojuvenil
3. Futebol – Obras ilustradas I. Gnädinger, Hedi.

14-08009 CDD-028.5

Índices para catálogo sistemático:

1. Futebol: Literatura infantojuvenil 028.5
2. Futebol: Literatura juvenil 028.5

Av. Paulista, 726 | Cj. 1210 | 12° andar
Bela Vista | CEP 01310-910 | São Paulo - SP
Tel.: 11 3177-7800
www.editoradsop.com.br

Fonte FAKT SLAB
Papel PÓLEN BOLD 90 G/M²
Impressão INTEGRAF INDÚSTRIA GRÁFICA EIRELI
Tiragem 3.000